밥풀 하나

권선옥 시인

충남 논산에서 태어나 줄곧 살고 있다. 직장에서 벗어난 뒤에는 엉터리로 농사를 지으면서 〈자연인〉 같은 생활을 즐기고자 한다. 그러면서도 세상일을 외면하지는 못하고 이런저런 일을 맡아 한다.
『현대시학』의 추천으로 시인이 되었으며, 『감옥의 자유』, 『허물을 벗다』 등의 시집과 시선집 『별은 밤에 자란다』, 수필집 『아름다운 식탁』을 냈다. 충청남도문화상, 신석초문학상 등을 수상했다.

표지화 민경희

밥풀 하나

권선옥 시집

이든북

시인의 말

 이 시집이 허물을 벗는 것인지 오래 내 몸을 감쌌던 껍질을 더욱 단단하게 옭죄는 일인지 모르겠다.
 이로 하여 몸피가 불어나지 않더라도 적어도 껍질의 색깔이 선명해지거나 촉수가 예민해질 것을 믿는다. 이미 심각한 반성을 거듭하고 있다.
 시집은 늘 내 모습을 들여다보게 하는 맑은 거울이다.

2022년 가을 끝자락
권선옥

목 차

시인의 말 005

1부 배롱나무는 이때쯤 꽃이 핀다

눈 속의 싹 12 | 불갑사 상사화 13

향기 곳간 14 | 산철쭉 15

배롱나무는 이때쯤 꽃이 핀다 16

새싹 17 | 갈참나무는 잎이 푸르다 18

찔레꽃 19 | 민들레처럼 20 | 소금 맛 21

철길 23 | 마른장마 24 | 떫은맛 25

그림자 26 | 아름다운 꽃 28

2부 마침내 시인

단맛을 잃다 32 | 오진 33 | 하느님은 참 34

부질없는 사랑 35 | 아내의 발 36 | 잉크 38

칠십 39 | 뜨거운 식혜 41 | 그것 42 | 은발 43

간장 종발 44 | 아내의 기도 45 | 뚝살 46

아내의 털신 47 | 명함 48 | 마침내 시인 50

돋보기 51 | 하느님 생각 52

목 차

3부 오하라의 눈밭

마을 방송 56 | 정순이 57 | 천직 58 | 나귀 59

어느 소전小傳 61 | 거기 62 | 그날 63

멀리 있는 얼굴 64 | 밥풀 하나 66

어머니 생각 67 | 어머니의 겨울 69

하늘 사다리 70 | 채비 71 | 어머니의 나박김치 72

두레상 74 | 오하라의 눈밭 76 | 땅이 아프다 77

4부   그리움은 소리를 낸다

제맛 80 | 거머리 81 | 개판 82 | 시계 84

아름다운 거리 86 | 매운맛 87 | 끝없는 길 88

참말 90 | 분명한 하나 91

그리움은 소리를 낸다 92 | 수신 확인 94

손바닥 편지 95 | 배꽃 96 | 바다가 될래 97

사랑하므로 사랑한다 98

난초, 꽃을 피우다 100 | 어느 날의 기도 101

i

배롱나무는 이때쯤 꽃이 핀다

눈 속의 싹

우수가 지나자 눈 속에
수선이 불쑥 솟았다.
어쩜, 저 어린것이 얼지 않고
독한 겨울을 견디다니,
저리 작은 게
쌓인 눈을 녹일 만큼
손발이 뜨겁다니,

눈 속에서도 얼음 밑에서도
생명은 뜨겁다.

불갑사 상사화

죽어서도 우리 다시
만나지 못할까.
안개처럼 소낙비처럼
우리 다시 죽고 죽어도
영영 다시 만나지 못하려나.
세상 사람들 눈치채지 못하게
깊은 땅속 아늑한 어둠 속으로
오늘도 너를 만나러 간다.
백번을 죽어 만나지 못하면
천 번 죽고
그래도 만나지 못하면
만 번을 죽고,
나는 죽고 또 죽어
기어이 너를 다시 만나리라.

향기 곳간

아마도 깊은 땅속에 향기 곳간이 있나 봐
저렇게 작은 꽃에서 향기가 나는 걸 보면.
밤마다 향기 항아리에서 향기를 떠 오나 봐
그러기에 날마다 작은 꽃에서 향기가 나지.

산철쭉

살았다는 기척도 없이 겨우내
죽은 듯이 살다가
어느 봄날 벌떡 일어나
장작더미에 휘발유 붓고 불을 질렀는가
활활, 산판에 불이 붙었다.

배롱나무는 이때쯤 꽃이 핀다

올해도 또 꽃이 피는구나.
너무나 멀리 있어서
이제는 정말 다 잊고 사는 것 같은데
해마다 이때쯤이면, 어김없이 또
꽃이 흐드러지게 피는구나.
나는 다 잊어버렸다고
애초부터 나는 아무렇지도 않았다고
나는 모두 모르는 일이라고
아무리 잡아떼어도
내 맘속에 심은 배롱나무, 그 향기로
네 가슴도 붉게 물들었으리.

새싹

어쩌다가, 어쩌다가

내 마음 어디에서
네가 싹이 트고 있다.

아니, 아니,
손사래를 친다고
될 일인가.

갈참나무는 잎이 푸르다

나중에 나중에
오래오래 많이많이 세월이 흘러간
아주 멀고 먼 훗날에
그때도 저기 저 산등성이
키 큰 나무와 나무와 나무들 사이
홀로 섰던 갈참나무 생각이 날까
가느다란 손가락, 하이얀 발목
멀리서 내게로 성큼성큼 걸어오던
그 모습 또렷이 생각이 날까
종종걸음으로 내게서 멀어져 가던
남실바람 그 뒤태 생각이 날까

찔레꽃

단단히 빗장을 걸었는데도
눈 속에 다시 피었네.

창칼처럼 날이 선 가시,
예전처럼 향기롭다.

민들레처럼

민들레처럼,
밟히고 또 밟히다가

민들레처럼,
깊이깊이 뿌리를 내리고

민들레처럼,
꽃이 피고, 지고 피고

민들레처럼,
풀풀 꽃씨나 날리다가

소금 맛

음식은 간장 맛이라고,
터무니없는 소리.
간장은 소금 맛이다.

바닷바람 휙휙 부는 소금밭에서
쨍쨍한 햇볕이 구워낸
짜디짠 소금 맛이다.

시에 대한 생각

'시는 나의 칼이다.'라고 추천 완료소감에 썼다.
그때 나는 무장(武裝)이 필요하다고 생각했다. 그러나 내게는 작은 무기도 없었다. 시가 무기가 되었으면 좋겠다고 생각했다. 그러나 나는 그 작은 칼의 날을 세우지 못했다. 이런저런 구실로 힘써 갈지 않았다. 그러니 날이 설 리 없다. 날이 무딘 칼은 아무것도 베지 못하고 가끔 내 손가락에 상처를 낼 뿐이었다. 눅눅한 바닥에 버려진 채 나의 칼은 그나마 날이 무디어지고 녹이 슬었다. 천만다행, 녹이 깊이 먹지는 않았다.
이제 다시 숫돌 앞에 앉았다. 계속 갈아야겠다.

철길

그렇게 오래
같이 걸었는데
우리는 옷깃
한 번 스친 적 없다.

이렇게 멀리 왔는데
내가 다가가면 네가 멀어지고
네가 오면 내가 휘어지고

저, 자욱한 안개
그 끝에 네가 있다.

마른장마

가마고 가마고 하면서
오지 않는 너는
가슴에 쌓였던 그리움
바닥까지
닥닥 긁어 퍼냈구나.
달포나 끊이지 않는 장마에
사흘째 비 한 방울 내리지 않는
마른장마 같아라.

떫은맛

여지껏 나는
외로움을 모르고 살았거니
외롭다는 말도 몰랐는데

떫은 맛 없어지고 감이 붉으니
퍼뜩, 너의 발소리
와그르르 외로움 쏟아진다

그림자

날아오른다거나 떠난다는 생각은
아예 한 번도 해 본 적이 없다.
하늘을 향해 나무가 솟아오를 때에도
덩달아 하늘을 엿보지 않았다.
나부끼면 나부끼는 대로 나부끼고
흔들리면 흔들리는 대로 흔들리고
그저 발밑에서 묵묵히 자리를 지키며
나무가 자라나는 만큼씩만 키를 키웠을 뿐이다.
봄이 되면 함께 몸집이 불어나고
나무가 앙상하게 뼈만 남을 때에는
같이 옷을 벗어 서리를 맞았다.
새싹의 부드러운 손을 잡아 보기도 했고
꽃의 얼굴을 쓰다듬는 날도 있었지만
나무의 키가 자랄수록
더러는 시내를 건너야 했고 또 언젠가는
얼음 웅덩이에 빠진 발이 시렸다.
그래도 떠돌지 않고 꽁꽁

묶여 살기로 했다.
오, 사랑하는 나의 나무여!
밤이 되면 흔적도 없이 사라졌다가
아침마다 나는 또다시 네 발아래
칭칭 몸을 묶는다.

아름다운 꽃

꽃이 필 적에
아름답지 않은 꽃은 하나 없다.

시들어도 색깔이 변하지 않아야
아름다운 꽃이다.

말라붙지 않고 싱싱할 때 떨어져야
아름다운 꽃이다.

말라서도 예전처럼 향기가 나야
정말로 아름다운 꽃이다.

2 마침내 시인

단맛을 잃다

단것이 싫어졌다.
달콤한 사탕, 살살 녹여 먹던 초콜릿
죽도록 어쩌고저쩌고,
여름마다 담장 너머 흐벅진 몸으로
나를 꼬이던 노란 장미,
꽃잎 속
짜릿짜릿 복숭아 냄새,
오래 나를 묶었던 사슬이
뚝, 끊어졌다.

이제는 사랑도 지겹다.

오진

  나이가 들면서 가끔 여기저기가 가렵다.

  대수롭잖게 여기다가 나중에야 병원엘 갔다. 피부건조증이라고, 나이가 들어 생긴 병이니 그냥 그렇게 살라고 했다. 병원에서 소박맞고 돌아와 곰곰이 생각했다.

  오진이다. 내 병은 마음에 때가 껴서 생긴 병이다. 의사라고 한들, 가슴을 가르고 심장을 열어 본들, 오랜 세월 덕지덕지 절어 붙은 때를 어쩌겠는가. 의사가 속수무책이니 그렇게 말한 것이다.

  거참, 낭패로다.

하느님은 참

새벽에 가랑비를 내려
빨랫줄에 대롱대롱 색색 풍선 달아 놓고
하나둘 세다가 툭 터트리시는 하느님,
참 심심하신가 보다.

아직은 춥다는 수선화를 불러내
참빗으로 곱게 머리 빗겨 세워 두고
살랑살랑 옷자락 흔드시는 하느님,
어쩜 짓궂으시기도 하다.

민들레꽃 아기들 맘껏 날아 보라더니
너무 멀리 가면 엄마 잃어버린다고
바람을 뚝 멈추시는 하느님,
참 눈이 밝으시기도 하다.

부질없는 사랑

후룩후룩 컵라면에
신 김치를 얹어 먹는 맛이란,
역시 국물맛이다.
입 안 가득 한 모금 머금었더니
입천장이 얼얼하다
아차, 하고 얼른 뱉어야 했는데
그만 꿀컥해버리고 말았다.
여지없이 식도가 한 뼘쯤은
단단히 덴 것 같다
아마도 여러 날 아플 것 같다

아내의 발

왜 이러세요.
나는 남편이 있는 여자예요.
당신이 누구신데요.
다정하게 손을 잡는 나에게
어느 날 아내가 할지도 모르는 말입니다.
사십년을 넘게 살았는데
그런 아내가 내 얼굴을 잊어버리고
사십 년 전 처음 만났을 때처럼
낯설어 한다면,
그래도 남편이 있는 줄은 아는 게
다행이 아니라 슬픈 일입니다.
요즘에 가끔, 나는 이런 날이 올까봐서
곤히 자고 있는 아내의
얼굴을 쓰다듬고 손을 잡아 봅니다.
예전의 부드러운 살결 대신
기름기 없는 뼈가 만져집니다.
요즘 들어 아내는
키가 작아지고 몸집도 줄었습니다.

사람이 태어날 때처럼
작은 아이가 되어서 돌아간다는데
우리는 벌써 돌아가는 길에
접어들었는지도 모릅니다.
내가 문 밖을 나서면
무사히 돌아오라는 기도를 시작하고
지나가는 찻소리에도 귀 기울이며
아내는 나를 기다렸습니다.
좀더 일찍 돌아올 것을,
꼭 가야 할 데가 아니면 가지 말 것을,
이제서야 생각합니다.
잠에 취한 아내를 물끄러미 바라보다가
이불을 끌어당겨 밖으로 나온
아내의 발을 덮어 줍니다.
오늘 밤에는 따뜻한 물을 받아
작아진 아내의 발을
오래오래 씻겨 주려고 합니다.

잉크

내가 드디어 중학생이 되었을 때
처음 잉크로 글씨를 썼다.
펜촉에 잉크를 찍어 글씨를 쓰면
오래되어도 처음처럼 뚜렷했다.
그런데 옷과 노트와 가방에
잉크가 만든 얼룩이 생기기 시작했다.
비누칠을 하고 박박 문질러 빨아도
지워지지 않던 얼룩들.

세상에는 나를 유혹하는
여러 색깔의 잉크가 있어
깊은 얼룩을 만들었다.
은밀한 곳에 새겨진 연비처럼
이마에 찍힌 낙인처럼
살을 파내어도 지울 수 없는
무수한 얼룩.

칠십

젊어 한때
밤잠을 설치는 날이 많았다.
안개가 낀 날은 바람이 불고
조금만 눅눅하면 시퍼렇게 곰팡이가 피고
허방다리에 자주 발이 빠졌다.
어둠 속에서 웅크리고 잠이 들었는데
불꽃이 튀며 타던 장작불은 꺼지고
벌겋게 달아올랐던 아궁이도 식고
잿더미 속에
무게를 잃은 숯덩이,
차라리 가벼워서 좋다.

시에 대한 생각

지금 몸살을 앓는 중이다.
며칠 전에 피곤하다는 생각이 들었다. 그때 좀 쉬어야 했는데.... 어제는 비타민 수액 주사도 맞았다. 이런 내가 싫다.
달포나 되었을까, 그즈음 내게 가장 기쁜 일이 무엇인가 생각했다. 사무실 일을 하는 것이 가장 좋았다. 젊어서는 재미난 일이 그리 많았는데, 무엇을 해도 좋았는데. 바람 빠진 풍선 같다는 생각이 들었다.
욕망이 없는 삶은 애처롭다. 공자께서 칠십이 되어 '종심소욕불유구(從心所欲不踰矩)'라 한 것은 부러운 일이 아니다. 연민. 나는 겉과 달리 욕망이 강한 사람이었다. 그것들은 나의 동력이기도 했지만, 굴레이기도 했다. 나는 시가 아니었다면 더 많은 굴레를 쓰고 살았을 것이다.
시는 아주 민감하게 작동하는 브레이크였다. 다행이다.

뜨거운 식혜

아내가 이제 막 끓인 식혜를 주었다.
사십 년을 살았는데도
내가 뜨뜻한 식혜를 먹지 않는다는 걸
아직도 몰라서 그러는가.

뜨거운 식혜를 좋아하시던 아버지
생각이 나서 먹으라 했는가.
밀어 두었던 식혜 그릇을 당겨
남김없이 훌훌 마신다.

그것

어쩌다 곰곰 생각해 보면
허둥지둥 참 많은 것을 쫓아다녔다.
그 사이 발바닥은 얇아지고
손에는 못이 박혔다.

문득, 잃은 것에 놀란다.
그게 뭐라고, 그게 뭐라고
잃는 것을 두려워하지 않았던가

은발

점, 점, 점 나이가 들더니
젊어서 검던 머리 하얗게 셌다.
사람들은 흰머리가
잘 어울린다고 말하는데

그때마다 혼자서 속말을 한다.
나이에 어울리지 않게
하얗던 마음은 검어졌다고
검어졌다고

간장 종발

항아리나 자배기는
아니더라도
막사발이나 되었으면 좋았을걸.
삐뚤어진 간장 종발
찰랑찰랑 넘친다.
그래도 이는 빠지지 않았다고
혼자 히죽거린다.

아내의 기도

엎드려 자는 줄 알았는데
아내는 무릎 꿇고 있다

손등에 흐르는 눈물,
아내의 눈물은 얼마나 짤까

오직,
그분만은 알고 계시다

뚝살

모든 부드러운 털 속에
감춘 날카로운 발톱,
연하고 얇은 껍질마다
나무의 상처가 깊다.
흔들리며 울수록 상처에 박인
뚝살이 단단해졌다.
서리가 내리고 눈이 내릴 때
나는 알았다.
그렇게 흔들리고 부러지지 않은 것은,
상처는 힘이었다.

아내의 털신

나는 집에서 문밖에 나갈 때마다
아내의 털신을 신는다.
엄동설한에도 아내는 털신에
내 몫의 체온을 남겨 둔다.
그 온기를 즐기며 닭에게 밥을 주고
마당의 낙엽을 쓸기도 한다.
아내를 유리거울처럼 아끼라 하신
어머니의 말씀,
그래서 그러셨구나.

명함

서랍 속에 내가 쓰던 가면들이
여러 개 들어 있다
그중 하나를 꺼내 물끄러미 바라본다
또박또박 대본을 읽고
속말은 제멋대로 하지 못하고
색깔을 바꾸느라
덕지덕지 물감을 처발랐다.
참 무거웠겠다

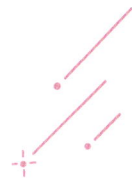

시에 대한 생각

시는 비수(匕首)나 표창(鏢槍) 같아야 한다.
가볍게 휙 날아가 상대의 급소에 명중하여야 한다.
날이 서지 않아서 상대의 몸을 맞히고도 그냥 땅바닥에 떨어진다면 좋은 시라고 할 수 없다. 시인이 많은 걸 보면 시 쓰기가 쉬운가 보다. 그러나 허영자 시인 말씀대로 읽다가 감동하여 앞으로 나가지 못하고 책장을 덮고 한참을 생각해야 하는 시는 드물다.
또 시는 꿰미가 있어야 한다. 각각 흩어진 채로 파닥거리는 물고기들을, 찬란하게 비늘이 빛나는 물고기들을 한 줄로 세우는 꿰미. 겉으로 드러나지 않지만 관통(貫通)하는 꿰미가 있어야 한다.

마침내 시인

네가 시인이라고,
네깟 게 시인이라고,
말도 안 되는 소리.
시인은 아무나 하는 게 아니다.
아무 데나 함부로 나서지 않고
넙죽 입맛을 다시지 않아야
비로소 시인이다.
바닥에 떨어져서도 기어 다니지 않고
어둠 속에서 헛발 디디지 않아야
뒤로 물러설 줄도 알아야
마침내 시인이다.

돋보기

하느님 제발,
그렇게 자꾸 돋보기를 들이대지 마세요
제 마음속에는 예전의 흉터가
아직도 티끌이 너무 많아요
마음이 더러 멀리로 달아나요
몸은 또 그리로 따라가려고 해요
멀리서 그냥 가끔 살펴보셔요
감추려고 그런 게 아니라
제가 너무 부끄럽고 죄송해서 그런다는 걸
벌써 알고 계시잖아요

하느님 생각

저 하는 짓 보고
너무 속상해 하지 마셔요.
그래도 늘 하느님 생각하고 살아요.
잘못하면 반성하고
반성하고 또 잘못하지만
마음에 늘 하느님 모시고 살아요.
머지않아 언젠가는
제 마음 속속들이 보여드려도
환하게 웃으시게, 너 참 기특하다
칭찬받고 싶어요.

3

오하라의 눈밭

마을 방송

이장입니다.
로 시작하는 마을 방송이 들리면
가슴이 철렁,
노인 한 분 또 마을 떠나
장례식장에 가셨단다.

밤이 돼도 불을 켜지 않는
빈집 하나 늘었다.

정순이

엉덩이에 반지르르 기름기가 돌 만큼
살집이 좋았던 정순이는
우리 집을 떠나기까지
열 명 넘는 애를 낳고
아버지가 시키는 대로 일도 잘했다.
아버지는 정순이의 궁둥이에 솔질을 해 주고
어머니는 정성껏 먹을 것을 챙겼다.
해질녘까지 하루 종일 일을 하고서도
불평은커녕 피로한 기색도 보이지 않던
정순이는 묵언수행자였다.
열 몇 해 동안 우리 식구였던
누렁이 암소,
정순이가 집을 떠난 뒤에도 우리는
오래오래 정순이 이야기를 하며
정순이를 잊지 못했다.

천직

동네에서 제일가는 쟁기꾼인
우리 아버지는,
땅의 속살을 자주 열어 보았다.
이것저것 맛을 봐도
세상에 땅맛 만한 게 없다던
아버지는, 평생 땅에서
입을 떼지 않았다.

나귀

무거운 짐을 지고 해 질 때까지
딸랑딸랑 먼 길 걸었고
어둠 속에서 터벅터벅
낯선 주막을 찾아간다.
주막에 가면 밤새 짐을 벗어
눈 오는 소리를 베고 잠이 들겠지만
날이 새면 다시 짐을 지고
방울 소리 울려야 한다.
걷다가 잠이 들고
잠을 깨어 다시 걷는
가도가도 끝이 없는 길
위에 선 나귀

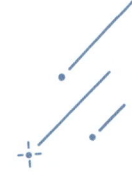

시에 대한 생각

시는 외로움의 산물이다.
사람들과 어울려 이야기를 하고 밥을 먹고 재미 있게 놀 때에는 시가 찾아오지 않는다.
찾아와서 문을 두드려도 내가 맞아들이지 못한다.
혼자서 쓸쓸해 할 때, 내 마음속 밑바닥을 들여다보고 있을 때에라야 시는 찾아온다.
그러나 얼른 아는 체를 하고 붙잡지 않으면 금방 떠나버린다.
매정하게 뒤도 돌아보지 않고 훌훌 떠난다.
한참 뒤에 다시 불러봐도 기척이 없다. 매정하다.

어느 소전 小傳

그는 정직하였다. 그리고 문장가였다.
공부를 잘하고 품성도 좋아
고등학교 동창생들은 그를
모범생이었다고 말한다.
그는 꽤 괜찮은 대학을 졸업했고,
많지는 않으나 월급 날짜를 어기지 않는 직장에
뒤틀리는 비위를 달래며 정년까지 출근하여
아내와 자식을 그럭저럭 부양했다.
어쩌다 여윳돈이 생겨도
부동산 앞에서는 고개를 돌렸고
우산 없이 소낙비를 맞아도 결코 뛰지 않았다.
그는 성실한 가장이었고
잦은 병치레로 의료보험금을 축내지 않았고
칠십 갓 넘어 유명을 달리해
국민연금에도 부담이 되지 않았다.
그렇게 살다 간 그를
장례식장에서 누구는 고집불통이라 하고
어느 누구는 대쪽이라 했다.

거기

해가 반짝이는 날은
복사뼈 아래 어린 풀이 보이고
나지막한 언덕, 그 위
잎이 무성한 상수리나무가 보이고
살살 손을 흔드는
갓 피어난 연둣빛 잎새들
그 사이에 바람도 보인다.

안개 자욱한 저녁에는
언덕 너머 옹기종기
지붕이 낮은 마을
등잔불 아래 장화홍련전을 읽으시는
어머니
무릎을 베고 누워 듣던
뒷산 삭정이 떨어지던 소리
그날처럼 들린다.

그날

분홍 나팔꽃 핀 돌담 틈새로
저녁 햇살이 파고 들던
그날로 가고 싶다.

봉숭아꽃 곱게 찧어
작은 손톱을 아주까리 잎으로 싸매고
하얀 실로 꽁꽁 묶어 주시던
어머니의 손등에 쏟아지던 별빛.
누나는 달그락 달그락
설거지를 하였다.

그날, 분꽃 향기
방에 가득했다

멀리 있는 얼굴

저 멀리 언뜻, 그 얼굴
보일 때가 있다.
헝클어진 머리가
야윈 볼을 덮고 있는 얼굴
손짓으로 나를 부른다.
가까이 다가가려면
가는 만큼 다시 멀어져
좁혀지지 않는 거리.
그 얼굴 만나기 위해 터벅터벅,
자갈길 걸어간다.
땅을 사랑하러 하늘에서 온
그 사람.

시에 대한 생각

시를 쓰면서 좋았다. 우선 시를 쓰고 나면 잠깐씩 좋았다. 오래 생각하던 것을 마무리 짓고 나면 속에 걸렸던 것이 쑥 내려간 느낌이 들 때가 있다. 그러나 그 뒤에 계속하여 개운한 맛을 느끼는 때는 드물다. 내려가던 것이 자꾸 다시 걸린다. 속이 메슥메슥하다.
게우고 다시 삼키기를 여러 차례 거듭한다.

밥풀 하나

아이가 밥 먹고 난 자리
밥풀 하나 떨어져 있다.
주워 먹을까 말까 망설이는데
여러 해 전 돌아가신 아버지가
저쪽에서 걸어오신다.
온종일 논에서 일하시다
어둠을 밟고 터덕터덕 집에 오시던
우리 아버지, 지게 지고 허리 굽혀
땅에 떨어진 벼 모가지 하나
주우신다.

어머니 생각

등잔불의 심지를 돋우며
늦도록 장화홍련전을 읽으시는 어머니
무릎을 베고 듣던
소쩍새 소리.
어머니 돌아가시고
나 홀로 듣는다.
소쩍소쩍, 소쩍소쩍

시에 대한 생각

어려서 어머니한테 옛날이야기를 많이 들었다. 등잔불 아래서 『장화홍련전』이나 『유충렬전』 같은 소설책을 읽으시는 어머니의 무릎을 베고 잠이 들곤 했다.

그래서 나는 옛날이야기를 잘하는 아이였다. 내가 이야기를 하면 아이들이 모두 귀를 모았다. 어느 날은 집에 가는 나를 붙잡고 이야기를 해 달라고 한 적도 있다.

나는 수필가가 되려고 했다. 내 주변의 여러 가지 일들을 누구에게 전해 주고 싶었다, 그래서 『현대문학』 말미에 실렸던 문인주소록을 보고 수필가 박연구 선생님께 편지를 썼는데 친절하게 답장을 해 주셨다. 박 선생님의 문하에서 수필을 배우려고 하던 참에 나태주 시인을 알게 되었다. 그래서 나는 길을 바꾸어 시인이 되었다.

누구를 만나는가가 인생의 향방을 돌려놓는다.

어머니의 겨울

새벽밥 지을 물을 길어 머리에 이고 오면
걸음 뗄 때마다 잘름잘름 물동이 넘쳐
저고리 앞섶에서 더그럭더그럭 얼음 부딪는 소리
삐져나온 가슴도 얼고 물동이 속 초승달도 얼고
스물두 살 새댁인 어머니의 겨울

하늘 사다리

콩 심으면 콩이 나고
팥 열 개 심으면 팥 열 개가 나던
아버지의 마디 굵은 손.

아버지 멀리 가시던 해질녘
맑은 서쪽 하늘에 무지개 떴다.
하느님이 어서 오라
사다리를 놓으셨다.

채비

어머니가 육십을 지나셨을 때
수의를 지을 옷감을 사들이시고
좋은 것을 구했다며 얼굴이 환하셨다.
옷을 다 짓고 나서
바느질이 잘되었다며 기뻐하셨다.
어머니와는 달리 나는 마음이 무거웠다.
그때 나는 어머니의 죽음이 싫었고
나의 죽음은 두려웠다.

예전에 어떤 사람들은
자신의 관을 미리 짜고 옻칠까지 해서
죽을 채비를 했다.
관을 어루만지면서 지나온 길을 쓰다듬고
덧칠을 하면서 덕지덕지 찌든 때를 벗겨
몸이 가볍게 하면서
죽음과 친해졌다.

어머니의 나박김치

감이 익으면 그 햇살 생각난다.
고등학생이었을까, 시험 보고 집에 일찍 와
마루에 앉아 시원한 국물에 밥 말아 먹던
어머니의 나박김치가 생각난다.
물걸레질로 반들반들 윤이 나던 마루
에는 햇빛도 그냥 앉아있지 못해
내 얼굴을 쓰다듬고,
어머니는 구부러진 기둥에 기대어
물끄러미 나를 보고 계셨다.
시키지도 않았는데 순한 바람은
조용조용 마당을 쓸고 있었다.

연한 배추 줄거리에 무를 썰어 넣고
고추물이 발그레 우러난 나박김치 맛이라니,
내일은 하루 종일 맛있는 음식을 먹겠다고
우리 집에 일하러 오기 전날부터
배가 불렀다는 선모형님은 삼십 년이 지나서도

어머니의 음식 맛을 못 잊어 했다.
어머니 먼 곳에 가셨어도
해마다 여름 뒤에 가을은 오고
무 배추도 가을 맛이 들었는데
나박김치는 예전 맛이 아니다.
살결이 곱던 마루는 오래전에
아예 집을 헐어 버렸고
그 집으로 가던 길도 없어졌다.
이제는 허전한 가을,
반갑지 않다.

두레상

내가 대여섯 살 적에 우리 집에는
나이가 나보다 많고 몸무게도 많이 나가는
두레상이 있었다.
두꺼운 송판에 거칠게 못질을 하고
모양을 낸답시고 니스칠을 했지만
빤한 곳 없이 박박 얽은 곰보였다

곰보는 동네 잔칫집마다 불려 다녔는데
곰보 앞에서는 모두가 가난도 나이도 잊어버리고
흥이 나서 숟가락 장단을 쳤고
그때마다 곰보는 가리지 않고 몸을 맡겼다
술자리에 끼어 사내들의 신명을 돋구다
아니, 맺힌 울분을 풀어주다가
곰보는 이가 빠지고 주름이 깊어졌다

잔치마다 불려가도 안방에 한 번 앉아보지 못하고
기껏 차일 밑 막돼먹은 사내들 차지였으나

그래도 동네에서 펄펄 날렸다니까
사내들은 내 앞에서 정신이 없었다니까
그 맛에 내 몸은 숭숭 구멍이 뚫렸지만
이만하면 내 팔자 그런대로 괜찮지 않아
향년 십오 세에
앉은자리 툴툴 털고 능소화처럼
싱싱한 꽃 뚝 떨어졌으니

오하라의 눈밭

티비에서 불쑥, 상처가 튀어나왔다
눈 덮인 오하라의 들판,
두꺼운 외투를 입고 털모자를 쓰고
중년이 되어 있었지만
틀림없는 그 스무 살짜리였다
처음, 그 애는 살살 맨살을 어루만지더니
아물었던 상처의 딱지를 떼어냈다
그 애는 나에게 환호성을 지르고
눈밭을 펄쩍펄쩍 뛰었다
그럴수록 상처는 더 쓰라렸다
이윽고 다시 살이 갈라지고 낭자하게 피가 흘러
오하라의 눈밭은 벌겋게 물들었다
아프지 않았다고 상처가 나은 건 아니었다
딱지만 떼어내면 그때처럼 다시 아프다
시간이 지나도 깊은 상처는
속까지 아물지 않는다

땅이 아프다

여보게, 자네 무슨 농사를 그렇게 짓는가.
농사를 애들 장난하듯기 허나 말어.
그렇게 농사질라면 그만두게.
땅헌티는 사람보담 더 정성을 쏟아야 혀.
사람은 속여도 땅은 못 속이는 거.
농사를 질라면
논두렁이 반질반질허게
논에 가 살아야 혀.
농사꾼 마음은 항시 논에 가 있어야구
놀아도 논에서 놀아야지.
모든 일은 맘이구 정성이여.
땅이라구 맘이 없것능가.
어느 땅이 장난갬이 되고 잡것는가.
땅 맘 아프게 허지 말어.
그렇게 농사지면
땅 맘 아프게 허는 거.

4

그리움은 소리를 낸다

제맛

밥상 앞에 앉아
고추가 붉기만 하지 맵지가 않으니
아버지가 끌끌 혀를 찼다
고추를 매우라고 넣나요
색깔 고우라고 넣지, 하고
어머니가 말대꾸를 한다
그렇다. 고추만 그런 게 아니라
아버지는 아버지대로
아들은 아들대로
매운맛이 없기는 마찬가지다
콩나물이나 두부도, 멸치, 갈치, 꽁치, 곶감도
학교와 학생들도 매운맛이 없다
매운맛을 잃어버리고 몸피만 키워
저울추를 교란시킨다

거머리

예전에는 거머리가 참 많았다.
모내기할 때에 종아리에 붙어
피를 빨아먹던 거머리.
살랑살랑 꼬리를 흔들고 다가와
쭉쭉 피를 빨았다.
눈도 귀도 없는 것이
피 냄새 하나는 기막히게 잘 맡아서
멀리 던져도 곧바로 달라붙는다.
호시탐탐 피를 빨 생각에
꼬리를 살살 흔들던 거머리
독한 농약에 논에서는 없어졌는데
신문지 위에 우글우글.

개판

개가 짖는다
꽃이 피면 짖고
꽃 피지 않아도 냄새를 맡고
개가 짖는다
달을 보고 짖던 개는
바람이 불어도 짖고
구름을 보면서도
컹컹 짖는다
개 한 마리가 짖으면
아랫집 개가 짖고
웃집 개도 따라서 짖는다
동네 개들이, 똥개도 진돗개도
악다구니로 짖는다
사람들은 숨 죽여
개 짖는 소릴 듣는다
가슴을 쓰다듬으며 눈을 감고
소리 없이 귀 기울여, 귀로만

개 짖는 소릴 듣는다
그때 누군가 작은 소리로 말했다
개판이군

시계

시계는 무턱대고 시간을 생산한다.

시에 대한 생각

'시가 아니었으면….' 생각할 때가 있다.
나의 목표는 늘 좋은 시를 쓰는 것이었다. 가장 중요하게 생각하는 일이 시를 쓰는 일이라고 말하고 다녔다. 그런 나를 아내는 '자기가 좋아하는 일만 하고 다니는 사람'이라고 했다. 일리 있는 지적이라고 대체로 동의한다.
내가 시를 쓰지 않았더라면, 무엇을 위해 살았을까. 돈을 좀 벌었을까, 사회적 지위가 높아졌을까. 별로 그럴 것 같지도 않다. 그런 것들은 나의 목표가 되지 못했을 것이다. 어쩌면 아무 생각 없이 살았을지도.
그나마 다행이다.

아름다운 거리

늘 그만큼 너는
멀리 있고
가까이 있다.
항상 거기
그렇게 있거라.
더 가까이 오지 말고
멀리 가지도 말고
거기에 있거라.

매운맛

매운 것은 매운 것으로 다스려야 한다.

시커멓게 독이 오른 고추는
잘 삭은 고추장 속에서 순해진다.
우리들 사랑이 그런 것처럼

끝없는 길

제각각 길은 따로 있었다.
바람의 길, 구름의 길이 있는 것처럼
사람과 사람의 길이 달랐다.

긴 섶다리를 건너고
징검다리를 건너다가 미끄러져
발이 젖기도 하고
발을 벗고 옷을 걷고 내를 건너고
걸어가다 기어가다 돌아서기도 했지만
참 멀리 왔다.

끊어질 듯 끊어질 듯하다가
끊어지지 않고 다시 이어지는 길,
길은 끝이 없다.

시에 대한 생각

나태주 시인은 나에게 참으로 성실한 지도교사였다.
내가 시를 써서 보내면 그에 첨삭을 해서 보내 주었다. 당시에는 편지가 도착하려면 3일 정도 걸렸다. 나는 그 사이를 참지 못하고 답장을 받기 전에 새로운 편지를 썼다.
그러기를 두어 해쯤 지나서 나는 나 선생을 찾아가기로 했다. 강경에서 한산 가는 버스를 타고 기산에서 내려 바로 옆의 기산우체국에 가 '나태주의 집에 가는 길'을 물어서 오라고 했다. 그날 나는 처음 보는 여러 시집들, 한국시인협회 회원들이 삼애사에서 낸 시집들을 보았다. 김종길 선생께서 번역한 『20세기 영미시선』 등 몇 권의 책을 빌려왔다. 나를 뒤따라 온 나 선생의 편지는 책을 보기 전에 손을 잘 씻고 보라는 당부가 들어 있었다.
나는 서정주, 박재삼 시인의 시집 등을 필사했다. 펜글씨로 또박또박 썼다. 즐거운 일이었다. 밤늦도록 책을 읽었다. 그러고 나면 다음날 눈꺼풀에서 경련이 일어났다. 덜컹덜컹 달리는 버스 속에서도 책을 읽었다.
나는 이때에 나 선생께 참 많은 빚을 졌다. 그래서 나는 그 빚을 갚으려고 나를 찾아와 시를 공부하고 싶다는 사람들에게 성의껏 내 시간을 할애한다. 이 또한 즐거운 일이다.

참말

겨울 되고 눈발 굵어져 길이 막히고
봄꽃 향기 잊어버렸다.

몸이 멀어지면 맘도 멀어진다는 말
헛말 아니다

분명한 하나
— 코로나19

오랜만에 만난 너는
안경에 마스크를 쓰고
모자까지 눌러 써서
예전 모습 하나도 볼 수 없었다.
다만 분명한 하나,
네 마음 변함없이 내 마음에
바짝 다가와 있다는 것.
사랑하는 사람은 몸이 멀어질수록
마음은 더 뜨거워진다.

그리움은 소리를 낸다

차가운 이슬을 맞고
너는 산으로 가서, 어느 날
꽃이 되었지.
바람소리 새소리를 들으면서
살이 찌고 키가 자랐지.
계곡물이 맑아서
그 물 따라 강으로 가고 싶다고
넓은 바다 찾아서 바다로 간다 말했지.
저 바다 멀리멀리 갔다가
바닷가에서 기다리는 나를 보고
너는 파도가 되어 달려왔지.
나는 너를 부둥켜안고
조각조각 부서져 모래가 되었네.
이따금 너는 나를 어루만지고 가지만
나의 기다림은 끝이 없어서
사람들이 밟아도
너인 줄 알고
사각사각 소리를 내지.

시에 대한 생각

몇 년 전부터 교회에 다니기 시작했다. 내가 교회에 다니는 것은 아내의 오랜 바람이었다. 또 주위에 많은 분들이 내가 그러기를 바라고 있었다. 그러나 여러 가지 욕망에 흔들리던 나는 교회에 나갈 수가 없었다. 퇴직을 할 만큼 나이가 들자 나를 흔들던 욕망도 잠잠해졌다. 그리고 최 목사님께서 퇴임하실 날이 다가왔다. 목사님이 교회 문 앞에서 나를 기다리시는 것 같았다. 그래서 나는 교회에 다니기로 작정했다.

새벽에 깨면, 나의 믿음이 견고하게 해 달라고 기도했다. 그리고 많은 예배에 참석했다. 그런데 어느 날부터 타성에 젖고 말았다. 몸만 오가는 것 같아 안타깝다.

교회에 다니기 이전에도 나는 하느님을 경외하였다. 그리고 그런 마음을 담은 시를 쓰기도 했다. 어느 교회의 주보에 나의 시가 매주 실렸던 적도 있다.

나는 한때 칼 같은 시를 쓰고자 하였었다. 시는 생명을 해치는 것이 아니라 생명을 살리는 것이어야 한다. 이젠 나의 시에서 삶의 향기가 풍겼으면 좋겠다.

언젠가는 하나님과의 만남의 기쁨을 가득 담은 시집을 내고 싶다.

수신 확인

정성껏 써서 보낸 메일을
그녀는 읽지 않는다.
오래 기다려도 여전히 '읽지 않음'

상처가 많은 그녀는
내가 상처를 덧나게 할까 봐
메일을 읽지 않는다.

나는 상처를 지우려고
메일을 보내고
그녀는 상처를 잊으려고
메일을 읽지 않는다.

손바닥 편지

 손바닥에 편지를 쓴다. 너에게 전하고 싶은 말을 손바닥에 쓴다. 어젯밤에 달이 밝아서 새들은 잠이 들지 못했다고, 바람은 밤새 대숲을 기웃거리고 댓잎이 서로 몸을 부빌 때마다 안개가 피었다고. 썼다가 지우고, 지운 편지를 다시 쓴다. 부칠 수 없는 편지를 손바닥에 쓴다. 끝내 입 밖에 내지 못하는 말. 내가 말하지 않아도 네가 아는 말. 손바닥에 쓴다.

배꽃

어머이. 저기 저 배꽃 좀 봐.
이쁘기도 하지.
이눔아, 메칠을 쫄쫄 굶구서두
배꽃이 이뻐 보여.
배가 불러야 꽃도 꽃이지.
궁게요. 그것참
봉순이 젖탱이처럼 흐드러졌네.

바다가 될래

나 어느 날
바다에 풍덩, 빠져
바다가 될래.
큰 배도 띄우고
설악산 그림자도 품는, 동해바다
물이 맑아 깊어진
동해바다 될래.
나 죽어서
바다로 다시 태어나
바다가 될래.

사랑하므로 사랑한다

이제 새로운 세상이 열렸다.
오늘, 한 사람의 아내로 남편으로
다시 세상에 태어났다.
온 세상의 모든 행운이 모여들어
그 앞길 환하게 열리기를 축복하노라.
평생을 내 뜻대로 살지 않고
너를 위해 살리라,
정성을 다하여
너를 감싸 주고, 위해 주고, 사랑하겠다,
다짐하는 마음 변치 말거라.
둘이서 손을 맞잡고
달리지도 말고 멈추지도 말아라.
사랑은 얇은 백지장 같은 것,
내 쪽으로 당기지 않고
무턱대고 끌려가는 것,
그대를 중심에 세우기 위해서
나를 버리는 것이 사랑이다.

아아, 날이 갈수록
더욱 단단해지고 더욱 빛나라.
젊은 그대들의 사랑.

난초, 꽃을 피우다

문을 열고 들어서니
왈칵, 난초 향기
품에 안긴다.
나 아직 여기 있어요.
당신을 기다리고 있었어요.
그래, 그걸 모르고
너무 오래 모른 체했구나.
너를 잊고 있었구나.
내가 잘못했다.
이제는 다시 그러지 않으마.
오랜만에 안쓰러워
살며시 얼굴을 맞대어 본다.

어느 날의 기도

하느님.
저를 아시지요.

제가 원하는 것도 알고 계시지요.

그냥 두지 않으실 거지요. 하느님.

11p 「인동초」 100호, 수묵담채

29p 「사랑나무」 10호, 수묵담채

31p 「수국」 100호, 수묵담채

53p 「민들레」 10호, 수묵담채

55p 「안개꽃」 30호, 혼합재료

79p 「엉겅퀴」 30호, 혼합재료

표지화 「민들레」 100호, 혼합재료

그림　　草鄕 **민경희** 한국화가, 조형예술학박사, 개인전 34회

권선옥 시집
밥풀 하나

2022년 12월 20일 초판 1쇄 펴냄

지은이 _ 권선옥
펴낸이 _ 이영옥
편집인 _ 송은주
펴낸곳 _ 도서출판 이든북

주　　소 _ (34625) 대전광역시 동구 중앙로193번길 73
대표전화 _ 042-222-2536
팩시밀리 _ 042-222-2530
전자우편 _ eden-book@daum.net
공 급 처 _ 한국출판협동조합
주문전화 _ (02)716-5616
팩시밀리 _ (031)944-8234~6

ⓒ권선옥, 2022
ISBN 979-11-6701-195-4
값 12,000원

* 지은이와 협의하여 인지는 생략합니다.
* 무단 전재 및 복사 배포를 금합니다.

* 본 도서는 충청남도 충남문화재단 의 후원으로 발간되었습니다.